27

L n 14831.

M. MORET,

EX-JUGE DE PAIX DU CANTON DE MOY,

A SES CONCITOYENS.

M. MORET,

EX-JUGE DE PAIX DU CANTON DE MOY,

A SES CONCITOYENS.

Aᴘʀᴇ̀s trente années et plus de fonctions publiques hono-
rablement remplies, dont près de vingt-sept dans une modeste magistrature qui n'offrait aucun avancement, mais où
les missions de toute espèce ne nous étaient pas épargnées,
j'ai appris comme vous, messieurs, ma révocation par les
journaux, en y voyant le décret qui me donnait un suc-
cesseur.

Il était évident pour moi que je tombais victime de l'erreur
ou de la calomnie. D'où partait le coup? Je pouvais le pres-
sentir, mais comment avais-je pu le provoquer? Je l'ignorais,
et je ne dus qu'à l'intervention de nos représentans, dont la
plupart me connaissent depuis longues années, la communi-
cation qui me fut faite à la chancellerie des griefs qui m'étaient
reprochés et l'autorisation d'y répondre, c'est-à-dire la per-
mission de me défendre après ma condamnation.

Si jusqu'ici j'ai gardé le silence, il m'a été en quelque
sorte imposé par les démarches qu'une grande partie de la
députation de l'Aisne faisait auprès du ministre, pour obtenir

1850

le rappel d'une mesure que je vous laisse le soin de qualifier lorsque vous aurez pris connaissance des faits qui l'ont motivée ; mais ces démarches n'ayant abouti qu'à des propositions de transactions que ma conscience ne me permettait pas d'accepter, et à des promesses toujours éludées, il m'est impossible de le prolonger plus long-temps.

Je viens donc aujourd'hui remplir un devoir sacré pour tout homme d'honneur, car je dois à mes anciens justiciables, je dois aux électeurs qui m'ont tant de fois honoré de leurs suffrages, je me dois à moi-même de vous exposer ma conduite en présence des griefs qui me sont imputés, pour vous mettre à portée de juger par vous-mêmes entre mes accusateurs et moi. Il suffira pour cela de vous faire connaître l'accusation et la défense. Les voici :

MINISTÈRE DE LA JUSTICE.

Extrait du Rapport fait contre M. Moret, ancien Juge de paix à Moy (Aisne).

1°. Dès 1846, M. Moret était signalé comme très-occupé de la gestion de sa fortune et comme peu zélé dans l'exercice de ses fonctions.

RÉPONSES DE M. MORET

à chacun des griefs contenus dans le Rapport dont l'extrait est ci-contre.

Dès 1846. Cette date est bien récente pour un juge de paix *de* 1824 ; mais elle est remarquable en ce qu'elle se rapporte précisément à l'époque vers laquelle le parquet de St-Quentin fut occupé par de jeunes magistrats étrangers, pleins *de zèle* et *d'avenir*.

En 1846, je comptais vingt-deux années de magistrature, pendant lesquelles j'ai touché un traitement bien modeste de 800 francs, et j'ai dû penser que, dans une telle position, il m'était bien permis de faire autre chose, d'exploiter, par exemple, *sans déroger*, une propriété qui m'appartenait, dont j'aurai occasion de parler plus loin ; je n'ai fait en cela que ce que faisaient une grande partie de mes confrères ; j'en pourrais citer beaucoup.

Quant au reproche d'être peu zélé dans l'exercice de mes fonctions, il est bien vague pour pouvoir y répondre.

Est-ce dans mes rapports avec la chambre d'instruction par suite des missions qui nous sont confiées ?

Je n'ai jamais reçu de lettres de reproches ou de rappel à ce sujet.

Est-ce comme magistrat pour le service ordinaire?

Il n'y a peut-être pas un juge de paix en France qui ait été moins suppléé que moi. Il résulte d'un relevé fait sur les registres dn greffe, que dans les dix-sept premières années de mon exercice, j'ai été remplacé dix fois....

Est-ce enfin au point de vue de mes rapports avec mes justiciables? Eux-mêmes ont répondu en me nommant deux fois au conseil général du département; la première, en 1834, à l'unanimité des suffrages des électeurs de ce temps-là, et la seconde, en 1848, à une majorité de 7 à 800 voix.

Cela doit répondre suffisamment, ce me semble, au premier grief qu'on vient de lire.

2°. De fréquentes réclamations se sont élevées contre lui pour des acquittemens prononcés par lui en simple police dans des circonstances où ces décisions ne pouvaient se justifier et où il était difficile de ne pas voir un parti pris.

Ainsi en 1846 et 1847 52 individus ont été traduits devant lui pour contravention à un arrêté préfectoral qui prohibait les couvertures en chaume.

Sur ces 52 prévenus, 37 ont été acquittés et 15 seulement condamnés. Cette proportion insolite ne se rencontrait nulle part ailleurs; mais M. Moret avait très-vivement critiqué l'arrêté du préfet, et l'on ne peut expliquer que par cette disposition le résultat des poursuites exercées contre les délinquans.

Des réclamations se sont élevées contre moi, dit-on, pour des acquittemens multipliés. Je ne condamne pas assez. Il est vrai que je ne cherche pas à faire ce qu'on appelle *du zèle*, assez d'autres en font sans moi; je fais de l'administration, un peu paternelle, peut-être, ce qui vaut bien autant; c'est d'ailleurs dans l'esprit de mes attributions.

Dans tous les cas, si des plaintes ont eu lieu réellement, deux voies étaient ouvertes au ministère public pour redresser le juge: *l'appel* et le *pourvoi*; il n'en a point usé, donc cette première partie de l'accusation tombe d'elle-même.

Sur la deuxième, je réponds: L'arrêté préfectoral prohibant les couvertures en chaume autorisait les réparations dans des limites qui, n'étant pas et ne pouvant pas être déterminées d'une manière précise, étaient laissées nécessairement à l'appréciation du juge.

Cet arrêté, dont l'exécution rigoureuse était matériellement impossible pour une grande partie des populations pauvres, entassées quelquefois à trois ou quatre familles sous le même toit, produisait dans nos campagnes une vive irritation; je crus donc devoir apporter, d'accord en cela avec le représentant du ministère public, la plus grande prudence dans son application.

Ainsi, voulant nous assurer si ce que les gendarmes présentaient comme couvertures neuves n'était en réalité, comme les prévenus le soutenaient à l'audience, que de simples réparations autorisées, nous prîmes le parti, M. le maire de Moy et moi, de nous transporter dans les communes afin de vérifier par nous-mêmes les faits.

Si 37 acquittemens ont été prononcés, c'est que les prévenus se trouvaient dans le cas de l'exception.

On avance que j'ai très-vivement critiqué l'arrêté du préfet.

Quelle qu'ait pu être mon opinion comme particulier, comme légiste, sur la légalité de cet arrêté, je sais très-bien que comme magistrat il m'était interdit de l'examiner à ce point de vue, et les 15 condamnations que j'ai prononcées prouvent que je ne me suis point écarté de mon devoir; seulement je l'ai rempli avec prudence et modération.

J'ajouterai que M. le préfet, sur les vives instances du conseil général, a reconnu la nécessité de modifier son arrêté, qui reçoit aujourd'hui une entière exécution.

3°. En avril 1849, M. le maire d'Hinacourt se plaint de ce que la police n'est plus possible, les procès-verbaux restant *sans effet* à la justice de paix.

Le parquet demande des explications à M. Moret, qui ne détruit pas le reproche à lui adressé....

Je ne veux pas récriminer sur la dénonciation du maire d'Hinacourt ; en fait *de police et de condamnations*, j'aurais trop de choses à dire.

J'ai répondu à M. le procureur de la République que tous les procès-verbaux du canton pour contravention de police, *dont la poursuite ne me regarde pas*, sont exactement remis à M. le maire de Moy qui, seul, décidait s'il convenait ou non de leur donner suite; que lui seul conséquemment pouvait lui donner les renseignemens et explications qu'il me demandait. Je sais que ces renseignemens ont été demandés et fournis.

J'ai donc lieu d'être surpris de la réflexion qui termine ce grief, en m'adressant, à moi, un reproche qui, dans aucun cas, ne pouvait m'atteindre.

4°. A la même époque, on se plaint de ce que presque tous les individus pris en contravention par les gendarmes sont renvoyés sans frais par le juge de paix, et on signale plusieurs procès-verbaux suivis d'acquittement.

Le parquet trouve la plainte fondée, adresse au juge de paix des observations détaillées sur les griefs portés contre lui et n'en reçoit aucune réponse.

Ce grief est en partie la répétition d'un de ceux qui précèdent. La gendarmerie constate par des procès-verbaux les contraventions aux lois et réglemens, c'est son devoir.

Le juge, après instruction, souvent après enquête, les apprécie, c'est son droit.

Cette accusation encore est bien vague.

J'ai reçu, en effet, à l'époque citée, une lettre que j'ai conservée, dans laquelle M. le procureur de la République me donne le relevé des poursuites exercées et des condamnations prononcées par *tous les juges de paix de l'arrondissement*, pour me prouver que je condamnais moins qu'eux.

Cette lettre se terminait par une invitation à me montrer plus sévère à l'avenir et ne demandait aucune réponse.

Le reproche de n'avoir pas répondu n'a donc aucun fondement.

Qu'aurais-je répondu, en effet? pouvais-je m'engager pour l'avenir à condamner tout le monde?.....

5°. Le 2 décembre 1847, M. Denizart, vieillard de 84 ans, riche propriétaire, reçoit une lettre anonyme qui le menace de mort s'il ne dépose une somme de 1,000 francs dans un endroit indiqué. M. Denizart envoie immédiatement cette lettre au juge de paix, qui la garde sans en donner avis au parquet et sans ordonner aucune mesure de précaution. Six semaines après, la gendarmerie apprend ce fait, se transporte auprès de M. Moret pour lui demander la lettre. Celui-ci répond qu'il l'a adressée au parquet; il n'en était rien, et, sur injonction du ministère public, M. Mo-

La lettre du 2 décembre, remise immédiatement au juge de paix, qui la garde *six semaines* et qui ne la remet au bout de ce terme que *sur injonction du parquet*, etc.

Je nie positivement ces assertions, qui sont fausses. Voici les faits tels qu'ils se sont passés :

M. Denizart, mon proche parent, m'adresse un jour, dans la soirée, une lettre qu'il avait reçue et qui contenait des menaces *sous condition*. Le lendemain, de très-bonne heure, ce vieillard était chez moi pour me réclamer cette lettre, ne voulant pas, me dit-il, qu'il y fût donné suite, parce qu'il était certain que ces menaces n'étaient pas sérieuses. En effet, en regardant attentivement la lettre, il me fut facile de reconnaître qu'elle avait été écrite par un enfant; qu'on ne met pas d'ordinaire dans la confidence d'un crime quand on a l'intention de le commettre. Cela lui ôtait beaucoup de son caractère de gravité; cependant je refusai de la remettre, me proposant de

ret apporta lui-même la lettre dont il s'agit. Il était trop tard pour rien découvrir : aussi une ordonnance de non-lieu fut prononcée par la chambre du conseil.

faire des recherches pour en découvrir l'auteur et de m'en entretenir avec M. le procureur du roi, que je devais voir quelques jours après pour affaires de service, sur une invitation que j'en avais reçue.

Je vis en effet M. Malhénée, qui occupait alors le parquet de Saint-Quentin, et à la suite de la conférence que j'eus avec lui sur l'objet de ma visite (il s'agissait des chaumes), je fis connaître à ce magistrat ce qui s'était passé à Brissay-Choigny et mon opinion sur la lettre de menaces que je lui remis et au sujet de laquelle *je ne pouvais recevoir aucune injonction, puisqu'il en ignorait l'existence.*

Il était trop tard, dit-on, pour rien découvrir ; mais dix jours à peine s'étaient passés, le *corps matériel du délit était encore là intact et entier comme au premier jour*, rien n'empêchait donc les recherches. Puis on ajoute qu'un non-lieu fut prononcé, ce qui établit une contradiction flagrante, car de deux choses l'une, ou l'on n'a rien découvert et il n'a pu y avoir de *non-lieu*, ou un non-lieu a été rendu et il prouve qu'il y avait un prévenu et qu'on avait découvert... tout ce qu'il était possible de découvrir, probablement le père de l'enfant dont on avait reconnu ou cru reconnaître l'écriture.

Au surplus, ce qui prouve que les menaces faites à M. Denizart, quoique très-coupables, n'avaient rien de sérieux, comme lui et moi l'avions pensé, c'est une deuxième lettre émanée de la même source et qui lui fut adressée quelques jours après, dans laquelle on lui dit que, loin de vouloir attenter à sa vie, on la défendrait au contraire ; puis on lui fait des excuses et des protestations de dévouement, ajoutant que la misère seule avait fait agir, etc.

Cette lettre, transmise par moi au parquet, doit être jointe au dossier de cette affaire.

Ce qu'on dit des gendarmes, dont le procès-verbal n'a pu parvenir au parquet qu'après la remise faite par moi de la lettre de menaces, prouve encore l'inexactitude des faits consignés au rapport, car chacun sait que la gendarmerie n'est jamais plus de huit à dix jours sans parcourir les communes de sa circonscription, et que jamais non plus elle n'en sort sans avoir connaissance des faits qui s'y sont passés depuis sa dernière tournée. On en aura la preuve dans les faits qui vont suivre.

6°. Le 19 avril 1848, des ouvriers envahissent le conseil municipal de Brissay-Choigny pour obtenir 1 fr. au lieu de 80 c. par jour. M. Denizart, dont il est parlé plus haut, *est menacé de mort* s'il ne vote le supplément de salaire et *il consent* à souscrire par écrit l'engagement de payer seul le supplément demandé, engagement *qu'il a depuis exécuté volontairement.*

Procès-verbal est dressé par la gendarmerie.

Le 28 avril, le juge d'instruction délègue le juge de paix à l'effet de rechercher et de saisir l'écrit souscrit par M. Denizart. Le 3 mai, le procureur de la République n'ayant encore rien reçu de M. Moret, lui demande la cause de ce retard; le 4, M. Moret écrit qu'il n'a pas OSÉ *(sic)* exécuter la commission rogatoire; qu'il a été la veille à Brissay-Choigny prendre des renseignemens sur un incendie, mais qu'ayant trouvé 30 ouvriers travaillant ensemble, il a craint de la résistance et qu'il

La simple lecture de ce grief, bien que les faits y soient altérés, prouve bien le parti pris de m'accuser quand même, et l'esprit qui animait mon accusateur.

En effet, des ouvriers, exaltés comme on l'était généralement dans nos campagnes après la Révolution de Février, envahissent un conseil municipal, *en séance,* pour obtenir une augmentation de salaire. Les membres s'échappent, se dispersent, un vieillard reste, et *sous peine de mort,* c'est le rapport qui le dit et c'est vrai, *on lui fait souscrire l'engagement* de payer seul le supplément demandé.

Ces faits étaient extrêmement violens et condamnables; ils prouvaient qu'une grande effervescence régnait dans la commune; cependant il paraît qu'il n'en était pas ainsi aux yeux du rapporteur, et qu'elle était, à peu près, dans son état normal, *puisqu'il n'y avait aucun danger.* Aussi est-ce un homme bien *mou,* bien *faible,* que le juge de paix de Moy, qui n'a pas *osé,* au milieu d'un calme aussi parfait, procéder aux perquisitions, saisies et arrestations requises..... Evidemment on ne peut conserver un tel homme.

Mais ce n'est pas tout: à cette accusation si logique et si grave, il faut ajouter quelque chose de plus grave encore.

Le juge de paix était seul, n'ayant et ne pouvant avoir aucune force publique à sa disposition; le chef du parquet le savait très-bien, il n'y a pas de gendarmes à Moy.

Il savait très-bien aussi que c'est avec une force imposante que M. le juge d'instruction était venu exécuter lui-même les

n'a pas jugé prudent d'instruire sur l'affaire du 19 avril.

Le danger n'existait réellement pas. Les ouvriers ont été incarcérés par M. le juge d'instruction et ensuite condamnés à un emprisonnement de six semaines et d'un mois.

mesures qu'il avait ordonnées.

Cela valait au moins la peine d'être expliqué ; c'était loyal. Au lieu de cela, que dit le rapport ?

« Le danger n'existait réellement pas , les ouvriers ont été incarcérés par M. le juge d'instruction et ensuite condamnés , etc. »

Incarcérés par M. le juge d'instruction, *propriâ manû,* sans doute, car de gendarmes il n'en est pas question.

C'est ainsi qu'on écrit l'histoire.

Chacun pourra apprécier le but et la portée d'une semblable réticence.

Le juge de paix de Moy a eu, pendant sa longue carrière, plus d'une occasion de faire preuve d'énergie. Ce n'est pas un sentiment de faiblesse qui l'a retenu ; mais il est évident pour tous ceux qui voudront bien se reporter à cette époque où l'exaltation des campagnes était extrême , qu'il eût compromis bien légèrement l'action de la justice s'il eût tenté d'opérer seul les perquisitions et saisies ordonnées alors que ces mêmes ouvriers se trouvaient réunis au nombre de 30 au moins sur un atelier communal à l'entrée du village.

Quant à la négligence qui semble résulter du rapprochement de la date de la commission rogatoire, 28 avril , à mon transport à Brissay-Choigny, le 3 mai, elle disparaît complètement lorsqu'on saura que cette commission ne m'est parvenue que le 29 et peut-être le 30, qui était un dimanche, et que dans les deux jours suivans se trouvait un jour d'audience.

Au reste, ce qui prouve que ma lettre du 4 mai, à laquelle je me réfère entièrement, contenait des explications satisfaisantes, c'est qu'aucun reproche ne m'a été adressé alors, et certes, on ne me les eût pas épargnés.

7°. Le 25 février 1849 un banquet socialiste eut lieu au P.-Neuville. Le parquet délègue M. Moret pour assister à ce banquet.

Comme particulier, vous savez tous qu'aux élections de l'année dernière, je n'ai pas craint d'aller dans des clubs socialistes, attaquer face à face des hommes qui venaient prêcher dans nos campagnes des doctrines

Le juge de paix refuse sous prétexte qu'il présidait une réunion cantonale. Il aurait pu déléguer cette présidence, mais *il ne lui convenait pas* de surveiller un banquet socialiste.....

dangereuses, et éblouir nos ouvriers par des promesses qu'ils savaient ne pouvoir jamais être réalisées. J'ai même contracté, en sortant, la nuit, d'une de ces réunions étouffantes, une épidémie qui décimait alors nos populations. Mais, je l'avouerai, en recevant l'ordre d'aller surveiller, comme un agent de police, un banquet socialiste, je sentis la rougeur me monter au front, à la seule pensée d'aller compromettre la dignité du magistrat dans un cabaret de faubourg, au milieu d'une réunion composée d'hommes étrangers au canton (c'étaient des socialistes de Saint-Quentin), dont je n'étais pas connu et sur lesquels je ne pouvais avoir aucune influence. A quel signe extérieur aurais-je pu, d'ailleurs, faire reconnaître ma qualité? car le chef du parquet qui me donnait cet ordre, ne s'était pas expliqué sur ce point. Aurais-je dû mettre ma robe? m'eût-il été permis de m'asseoir? ou aurais-je dû me tenir debout? C'était, pour un magistrat, une mission toute nouvelle, et les instructions me manquaient.

Au lieu de me faire un crime de mon abstension, il me semble que M. le procureur-général aurait dû me savoir gré, au contraire, d'avoir sauvegardé la dignité du juge. Mon excuse, d'ailleurs, était légitime, car, nous avions à cette époque, dans toutes nos communes, des ateliers d'ouvriers inoccupés dont il fallait assurer la subsistance.

Le comité de bienfaisance que je présidais, composé, dans notre département, de tous les maires des communes, et d'un délégué de chaque conseil municipal, ne se réunissait qu'une fois par mois; le jour du banquet était un jour de réunion, le vice-président était absent, et il m'était impossible de faire défaut à une assemblée nombreuse dont l'importance était facile à comprendre, car il s'agissait d'assurer la tranquillité du pays pendant les temps difficiles que nous traversions alors.

Le motif de mon refus était donc sérieux et fondé.

8°. Le 15 décembre 1849, le nommé Rousseau porta volontairement un coup de couteau à un sieur Delaide, dont les jours étaient menacés, d'après la déclaration du médecin. Cela se passait à Moy même. Cependant M. Moret, après avoir commencé une information, *laisse le prévenu en liberté*. Vainement la gendarmerie lui demanda-t-elle le lendemain un ordre d'arrestation, il refusa de le donner, disant que Rousseau se constituerait le lendemain. Il n'en fut rien, et le coupable ne fut arrêté que cinq jours après, sur un mandat d'arrêt décerné par M. le juge d'instruction.

Ce dernier grief n'est ni plus exact, ni plus fondé que les autres. Voici les faits tels qu'ils ont eu lieu :

Un *samedi*, dans la soirée, des ouvriers ivres se prirent de querelle dans un cabaret du village ; plusieurs fois ils en vinrent aux mains, on les sépara ; mais en retournant chez eux, Rousseau, qui s'était posté sur le passage de son adversaire, l'attaqua de nouveau, et, dans la lutte, lui porta dans la poitrine un coup de couteau. Je n'eus connaissance de ces faits que le *lendemain* dans l'après-midi ; les vingt-quatre heures n'étaient pas écoulées ; le délit était encore flagrant. Je pouvais agir d'office, et je le fis, non sans peine, car c'était un dimanche, et je dus faire battre une partie du village et des auberges pour trouver un garde champêtre.

Je reçus la déclaration du blessé et la déposition des témoins qui étaient présens à cette scène. La culpabilité de Rousseau n'était pas douteuse, mais il était en fuite, la nuit était close, et, ici encore, je n'avais aucune force publique avec moi pour opérer des recherches et une arrestation ; je l'ai déjà dit, et le parquet le sait, de reste, il n'y a point de gendarmerie à Moy.

Le *surlendemain*, vers midi, et non le *lendemain*, comme le dit le rapport avec une exactitude à laquelle nous sommes habitués maintenant, deux gendarmes de la brigade de Ribemont, passant à Moy, eurent connaissance de ces faits, et, sans m'avoir vu, se mirent à la recherche de Rousseau, qu'ils trouvèrent chez le sieur Testart fils, linier.

Rentré chez moi après une levée de scellés à laquelle j'étais occupé dans Moy même, je sus que les gendarmes étaient dans le village, je les cherchai et j'appris d'eux que Rousseau leur avait avoué sa faute dont il témoignait un profond repentir, qu'il leur avait remis le couteau dont il s'était servi, en *leur disant qu'il irait se constituer prisonnier le lendemain*. Et c'est à moi, qui n'avais pas vu Rousseau, qu'on prête ce propos des gendarmes !

Ces faits se passaient le *lundi*, vers trois heures de l'après-midi ; il y avait alors près de quarante-huit heures d'écoulées, le *flagrant délit* n'existait plus, mes pouvoirs à moi avaient cessé ; je ne pouvais donc plus délivrer de mandat d'arrêt. Au juge d'instruction seul appartenait le droit d'agir.

Il est vraiment déplorable que, dans une affaire aussi sérieuse, alors qu'il s'agit de l'honneur d'un magistrat qui a blanchi sous la robe, l'accusation laisse échapper des erreurs de date d'une conséquence si grave, qu'elle présente mon prétendu refus de délivrer un mandat d'arrêt comme ayant eu lieu le *lendemain*, où cela m'était permis, au lieu du *surlendemain* où je ne le pouvais plus.

Tels sont les faits qui ont servi de base à ma révocation après 27 années de magistrature, sans qu'on ait daigné me prévenir ni me demander aucune explication, faits qui remontent pour la plupart à trois et quatre ans ; et une chose est à remarquer encore, c'est que tous, sans exception, se rattachent à la police. On veut bien reconnaître que le juge *de paix* est un homme honorable, jouissant dans son canton d'une estime méritée, mais le juge de police a montré trop d'indulgence, selon le rapport, et, sans considération aucune pour un passé qui, en admettant même l'exactitude des faits dénoncés, devait porter à l'indulgence, ou brise impitoyablement l'un et l'autre, on me condamne comme on ne fait pas du dernier des malfaiteurs, *sans m'avoir entendu,* et cela, dans une administration qui s'appelle *la Justice!*....

Vous apprécierez, messieurs, et le fonds et la forme ; mais déjà cette appréciation est faite par l'administration elle-même, car, après plusieurs propositions que j'ai dû repousser, comme je l'ai dit, on vient, en dernier lieu, de m'offrir officiellement de me réintégrer dans mes fonctions si je consentais à prendre *d'honneur* l'engagement de vendre la filature de Berthenicourt dans le délai d'un mois.

Ainsi, on met de côté aujourd'hui comme insignifiant tout cet échafaudage de faits qui m'ont valu une destitution brutale ; on reconnaît qu'ils sont faux et dénaturés ; mais pour ménager sans doute certaines susceptibilités et pour colorer un acte que rien ne pouvait justifier, on voudrait le rattacher à un établissement qui marche depuis 26 ans et dont on ne dit pas un mot dans le rapport qu'on vient de lire.

Si j'exerçais une profession qui me mît en contact direct avec les habitans du canton, comme un médecin, par exemple, ayant sa clientèle, ou un marchand en détail, ayant ses pratiques; à la rigueur, je comprendrais une incompatibilité morale, bien que cette incompatibilité ne fût pas écrite dans la loi, mais pour un établissement de haute industrie qui ne me donne pas le moindre rapport avec mes justiciables, il n'en peut être ainsi, et la preuve, c'est que j'ai traversé les monarchies qui ont précédé le gouvernement actuel sans qu'aucune observation m'ait été faite à ce sujet.

La République est vraiment bien sévère?...

J'ai répondu qu'un homme d'honneur ne devait prendre d'engagemens que ceux qu'il savait pouvoir tenir et qui dépendaient de lui; que la condition de vendre dans le délai d'un mois un établissement important et d'une industrie toute spéciale, était, par le temps qui court, inacceptable comme impossible, sinon dérisoire... J'ignore ce qui adviendra. Toutefois, une solution prompte est devenue inévitable, car mes deux suppléans se sont successivement retirés en donnant leurs démissions.

Mais pendant toutes ces négociations, ces promesses et ces propositions, le temps a marché et nous sommes arrivés à la prorogation de l'Assemblée nationale et à l'approche de la session du conseil général sans que la mesure prise contre moi ait été rapportée.

Ici se présente aussi une question de susceptibilité et de convenance qui vous concerne comme moi.

Si les faits qui ont motivé ma révocation sont fondés, ce n'est pas seulement le magistrat de l'ordre judiciaire qui est atteint en moi, vous comprenez que votre mandataire est frappé du même coup; il est indigne dès-lors de vous représenter plus long-temps.

Dans cette position, devais-je me présenter à mes collègues le front marqué d'une tache que ma révocation y a laissée? Je suis certain que vous ne le pensez pas.

Or, vous êtes le seul jury devant lequel je puisse appeler de la condamnation qui m'a frappé, et je n'ai pas hésité à le faire en envoyant à M. le préfet ma démission des fonctions de membre du conseil général que vous aviez bien voulu me confier, pour me soumettre à une réélection, c'est-à-dire au jugement du pays.

Je vous ai exposé ma conduite en présence des faits qui me

sont reprochés et que votre position vous met à même d'apprécier. Vous êtes donc en mesure pour juger en connaissance de cause.

Si j'ai failli, vous le direz en ne me renommant pas.

Si, au contraire, je n'ai pas mérité l'affront qui m'est fait, vous le prouverez aussi en me rendant votre confiance comme un baptême nouveau pour laver cet affront.

C'est le seul parti que j'avais à prendre, je l'ai pris.

A vous de prononcer.

Une chose m'a consolé dans ma disgrâce, ce sont les sentimens de sympathie et de regrets que j'ai trouvés dans la population tout entière et surtout l'énergique protestation de MM. les maires du canton. Que tous reçoivent ici l'expression de ma vive et sincère reconnaissance.

Moret.

Saint-Quentin. — Imprimerie de COTTENEST, Grand'Place, 5.

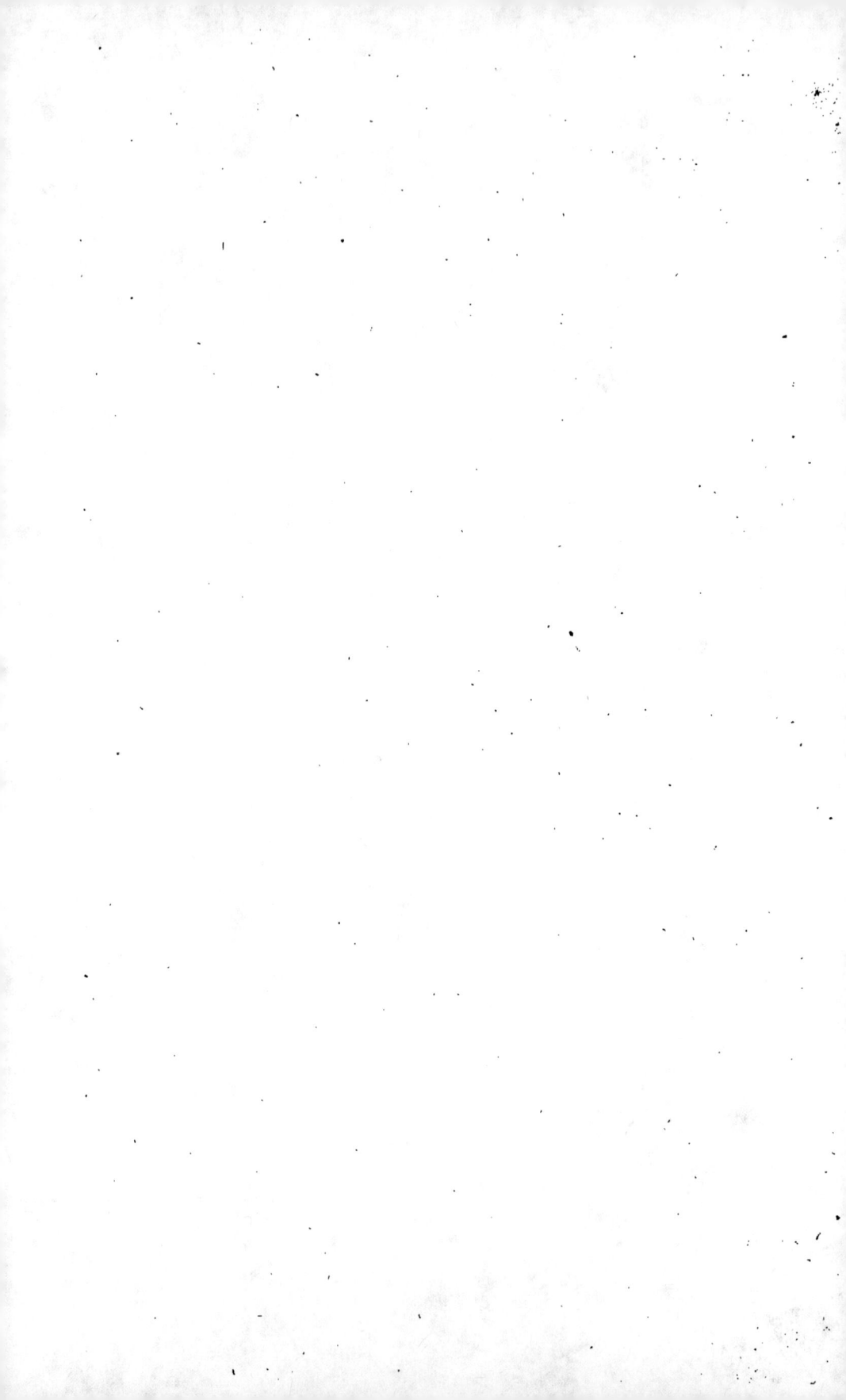

www.ingramcontent.com/pod-product-compliance
Lightning Source LLC
Chambersburg PA
CBHW060729280326
41933CB00013B/2585